NOTICE

SUR

LE C^TE^ DE MONTALIVET

IMPRIMERIE J. CLAYE
RUE SAINT BENOIT 7
LABOR
PARIS

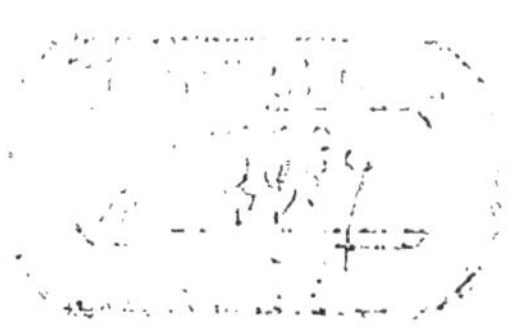

NOTICE

SUR LE COMTE JEAN-PIERRE

BACHASSON DE MONTALIVET

PAR

M. le C[te] Camille BACHASSON DE MONTALIVET

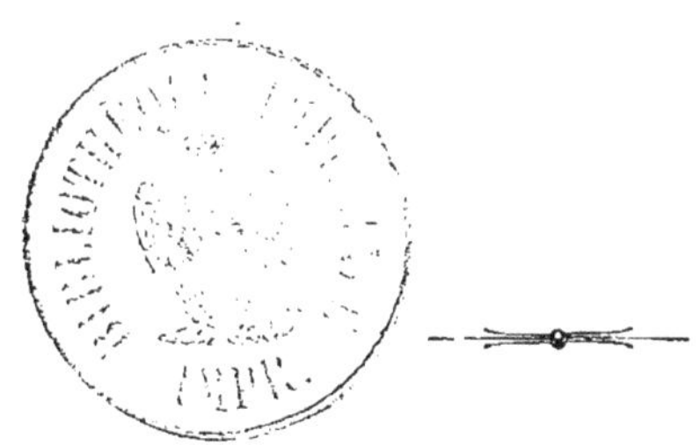

PARIS

1867

I.

1766 — 1801.

Jean-Pierre Bachasson de Montalivet est issu d'une famille ancienne et distinguée de Valence. Il est né, le 5 juillet 1766, à Sarreguemines, où son père résidait en qualité de lieutenant du roi avec le grade de maréchal de camp. C'était à l'époque de la réunion de la Lorraine à la France : le commandement des places fortes de la nouvelle province avait été destiné aux officiers les plus sûrs et les plus capables de l'armée : c'est à ce double titre que le poste de Sarreguemines avait été confié à M. de Montalivet, ancien ami et compagnon d'armes du maréchal de Bellisle.

Dès l'âge de treize ans, le jeune Montalivet, qui avait fait ses premières études à l'école militaire de Tournon, entra comme cadet dans les hussards de Nassau dont le régiment était en formation à Sarreguemines: bientôt après, son père obtint pour lui une commission de lieutenant en second dans les dragons de Larochefoucauld.

Il montra dès lors tout ce qu'il y avait de sérieuse et calme énergie dans son caractère. Loin de se livrer aux folles distractions que recherchaient avidement la plupart des gentilshommes qui servaient dans l'armée, le jeune officier de dragons se faisait, dans ses heures de loisir, élève d'humanités et de rhétorique, et préludait ainsi, par des études de littérature latine et française, aux succès qu'il allait obtenir dans une tout autre carrière.

Une année plus tard, le jeune Montalivet eut le malheur de perdre son père.

Cédant alors à ses propres goûts autant qu'aux prières de sa mère, qui voulait rappeler auprès d'elle un fils unique devenu sa seule consolation, il donna sa démission, alla s'établir à Valence, rue Saint-Félix, dans l'habitation maternelle, et s'y livra avec ardeur à l'étude du droit.

On retrouve dans deux manuscrits, qui figurent aujourd'hui dans la bibliothèque de son fils, la précieuse trace de ces travaux dont il devait plus tard recueillir le fruit avec tant d'éclat. L'un est un commentaire latin en 583 pages des *Institutes* de Justinien sous ce titre : *Institutionum imperatoris Justiniani accurata expositio data a domino Brosset, viro clarissimo disertissimoque professore in almâ universitate Valentinensi, scripta a Joanne Petro Bachasson de Montalivet. Valentiæ,* 1783. L'autre est un commentaire français de l'ordonnance criminelle de 1670, qui porte à la 501ᵉ et dernière page : « Fin de l'explication de l'ordonnance criminelle du mois d'aoust 1670, donnée par M. Teissonnier.

professeur de droit français en l'Université de Valence, écrite par Bachasson-Montalivet, bachelier en droit, l'année 1785. » Ces deux manuscrits sont entièrement de la main du jeune ex-officier.

Peu de mois après, le bachelier en droit de l'Université de Valence était avocat à Grenoble, et un an plus tard, à vingt ans à peine, il devenait, par dispense d'âge, conseiller au parlement de Grenoble.

Bien que le plus jeune du parlement dauphinois, il tint, dès la première année, une place distinguée dans cette compagnie. Il partagea avec elle l'honneur d'avertissements donnés par un dévouement qui savait déplaire, et la gloire de l'exil qui en rehaussa le mérite. Cependant il dut à la fermeté de son esprit de ne pas dépasser, dans ces graves conjonctures, la mesure qu'exigeaient à la fois le respect de la loi et l'amour du bien public. Montalivet adopta tout ce qu'il y avait de généreux dans les idées nouvelles ; mais la maturité précoce de son esprit le préserva des illusions et par conséquent des excès inséparables de toute exagération.

Privé de sa charge par suite des décrets de l'Assemblée nationale en septembre 1790, l'ancien conseiller au parlement de Grenoble vint reprendre sa place à Valence, au foyer maternel.

C'est à cette époque qu'il fit la connaissance plus particulière du lieutenant d'artillerie Bonaparte, pour la seconde fois en garnison à Valence.

Le jeune officier corse s'était intimement lié avec M. de Sucy, le meilleur ami de Montalivet.

Tous les trois se voyaient souvent, faisaient ensemble de longues excursions dans les environs, et se livraient à des discussions dans lesquelles la politique tenait une grande place.

Bonaparte, républicain exalté, trouvait quelquefois, dans Sucy, un contradicteur modéré qu'il finissait presque toujours par dominer; dans M. de Montalivet, un partisan déclaré des grandes réformes libérales, mais en même temps un adversaire résolu des doctrines républicaines dans lesquelles il signalait, en termes presque prophétiques, le double danger d'une dictature sanglante et de l'anarchie.

Qui eût pu se douter, en voyant ces trois jeunes gens, que le moins âgé, à l'apparence chétive, dont la belle tête expressive était amaigrie par l'ardeur du génie qui n'avait pas encore trouvé son aliment, allait sitôt après monter rapidement jusqu'au sommet de la gloire la plus éclatante, et rechercher les services des deux amis valentinois dans l'accomplissement de ses grandes destinées?

Bonaparte, général républicain, vainqueur de l'Autriche, et rêvant une France d'Afrique et d'Asie, appelait à ses côtés Sucy comme ordonnateur en chef de l'armée de ces nouveaux croisés de la gloire et de la civilisation;

Sucy dont il avait déjà éprouvé le courage et les talents dans sa première campagne d'Italie, et qu'il eut la douleur de voir succomber une année plus tard, en Sicile, victime du plus lâche assassinat.

Bonaparte, vainqueur de l'anarchie, consul et bientôt empereur, appelait à l'administration d'un des départements les plus difficiles de la France le ferme et courageux lutteur des discussions de 1791, qu'il connaissait si bien depuis lors comme un ami des principes de 89 fondés sur l'unité du pouvoir, et bientôt après il lui confiait, pendant toute une moitié de son règne, l'administration intérieure de la France qui comptait, en 1811, 130 départements, commençant à Amsterdam et finissant à Rome.

C'est ainsi qu'il avait fait la part de chacun sous l'influence de ses affections, de ses souvenirs et de sa politique.

La ville de Valence a donc eu l'insigne honneur de donner deux amis à Napoléon : Sucy, au général républicain ; Montalivet, au consul et à l'empereur.

Les révolutions sont comme l'épreuve du feu pour les caractères. M. de Montalivet a traversé cette épreuve redoutable en trouvant dans les souffrances mêmes qu'elle lui imposait des forces nouvelles pour rester fidèle à son pays sans sacrifier aucune de ses convictions. Pendant que beaucoup de ses amis et plusieurs de ses parents allaient chercher dans l'émigration un asile pour se cacher, ou des armes pour combattre, hélas! leur propre pays, Montalivet n'hésita pas : il s'engagea dans le bataillon valentinois des volontaires du Dauphiné.

Le soldat Bachasson — c'est celui de ses noms qu'il portait sur les contrôles — ignorait si son uniforme de volontaire protégerait sa vie contre les coups aveugles des passions révolutionnaires; mais en attendant, il avait la consolation de pouvoir l'exposer chaque jour pour l'indépendance de la France menacée de tous côtés par l'étranger.

C'est ainsi que le régime si justement appelé de la Terreur a pu briser l'unité de la vie de Montalivet, sans porter la moindre atteinte à l'unité si remarquable de son caractère patriotique.

Au reste, cette période de son existence, sous l'uniforme obscur du soldat devenu bientôt caporal par l'élection, ne fit que le recommander davantage à l'estime de ses concitoyens, et le mieux préparer à la brillante destinée qui l'attendait.

Le 9 thermidor, qui délivra la France du joug sanglant de Robespierre, permit à M. de Montalivet de revenir dans sa ville natale. Mais bientôt il dut partir pour Paris, chargé par ses concitoyens d'aller défendre conjointement avec M. de Sucy, auprès du gouvernement, les intérêts de Valence, menacée de perdre son école d'artillerie.

Pendant son absence, Jean Debry, commissaire extraordinaire pour les départements de la

Drôme, de Vaucluse et de l'Ardèche, vint à Valence pour y réorganiser la municipalité. La voix unanime de la population désigna Montalivet comme le citoyen le plus capable de diriger l'administration, de maintenir l'ordre, et de calmer les esprits doublement surexcités par les derniers événements politiques et par les misères d'une famine chaque jour plus imminente.

Le maire de Valence se montra à la hauteur des difficultés de la situation périlleuse qu'il n'avait pas hésité à accepter.

Provoquer et faciliter l'arrivée des grains dans le département de la Drôme ; — mettre ses propres greniers à la disposition de la municipalité, exemple bientôt suivi par plusieurs propriétaires; — assister de sa personne aux marchés pour y veiller au maintien de l'ordre et à la régularité des transactions; profiter de ces occasions pour inspirer à tous des idées de tolérance et d'union : telle fut la tâche à laquelle le maire de Valence consacra toutes ses journées et une partie de ses nuits.

Tant de soins ne furent pas perdus : les horreurs de la famine en grande partie conjurées; les honnêtes gens reprenant courage; les fauteurs de désordre énergiquement contenus; le calme rentrant enfin peu à peu dans les esprits: tels furent les résultats d'une courte mais féconde administration, qui rendit chaque jour plus populaire le nom du premier magistrat de la cité.

Une circonstance grave et imprévue en fournit bientôt un éclatant témoignage.

Jean Debry, dans le désir d'éliminer plusieurs officiers dont le jacobinisme exalté s'efforçait de réagir contre la nouvelle politique de la Convention, ordonna tout à coup le licenciement de la garde nationale. M. de Montalivet la réunit aussitôt dans le Champ de Mars, et, après avoir donné lecture de l'arrêté des représentants, recommande énergiquement aux citoyens la soumission aux ordres de l'autorité légale. M. de Montalivet est applaudi par la foule; mais plusieurs des mécontents, reconnaissant sur l'estrade de la mairie M. de Labarrère, qui avait eu l'imprudence d'y prendre place comme spectateur, le désignent bientôt à leurs camarades comme l'un des principaux instigateurs de la mesure qui les frappe; son nom vole de bouche en bouche : c'est un émigré, s'écrie-t-on. Les plus furieux parmi les gardes nationaux se portent en avant en proférant des cris de mort. M. de Montalivet voit le danger, se précipite du haut de l'estrade qui lui servait de tribune, ouvre sa poitrine et se jette au milieu des assaillants en s'écriant : « C'est votre maire qu'il faut d'abord frapper! » Cet acte de courage arrête un instant le mouvement et donne à M. de Labarrère le temps de prendre la fuite; mais une poignée de forcenés s'indignent d'avoir laissé échapper leur proie et se mettent à sa poursuite. M. de Montalivet s'attache à leurs pas, arrive avant eux à la porte de la ville, et parvient à s'assurer de leurs personnes à l'aide de citoyens paisibles.

Cette scène émouvante fut le dernier coup porté aux résistances anarchiques du Champ de Mars. — Le licenciement de la garde nationale s'effectua sans aucun autre désordre; l'autorité de la loi reprit un empire qu'elle ne devait plus perdre.

En moins d'une année, le maire de Valence avait acquis à la reconnaissance de ses concitoyens des droits dont le souvenir était encore vivant, quand, en 1819, l'auteur de cet écrit, compagnon du dernier voyage de son père en Dauphiné, fut témoin de la réception touchante et populaire dont il fut l'objet.

L'administration du département de la Drôme invoqua bientôt le concours des lumières et de la popularité du maire de Valence en lui offrant les fonctions de commissaire du Directoire exécutif. M. de Montalivet accepta une situation qui lui permettait d'étendre sur tout le département cette propagande d'ordre et d'apaisement qui s'était signalée à Valence par de si prompts et de si éclatants succès.

Mais l'amitié qui liait M. de Montalivet à M. de Sucy devait bientôt changer ses résolutions. Commissaire ordonnateur de l'armée d'Italie, M. de Sucy réclamait avec instance le concours et l'aide de son ami, qui, cédant bientôt à sa prière, vint le rejoindre à Gênes, presque au moment où le général Bonaparte arrivait sur le théâtre de ses premières et de ses plus éclatantes victoires.

A cette occasion, l'administration du département de la Drôme adressa à M. de Montalivet une lettre de regrets où se reflète avec autant d'énergie que de vérité le sentiment de cette reconnaissance publique dont notre récit a réclamé pour la mémoire de M. de Montalivet l'honorable et touchant bénéfice.

Valence, ce 23 frimaire 4e année républicaine.

L'administration du département de la Drôme, au citoyen Montalivet, ci-devant commissaire du Directoire exécutif près le département de Valence.

« Nous avons reçu, citoyen, votre lettre du « 16 courant, contenant votre démission des

« fonctions provisoires auxquelles nous vous « avions appelé. La haute réputation que vous « ont acquise vos talents avait fondé notre « choix : nous regrettons infiniment que les « promesses faites à l'amitié portent ailleurs le « tribut de vos lumières et l'exemple de vos « vertus; il eût été bien doux pour nous de « vous avoir pour coopérateur dans notre ad- « ministration. Privés de cette jouissance pré- « cieuse, nos vœux vous suivront partout, « sans renoncer pour cela à l'espérance de vous « retrouver quelque jour au milieu de nous, « et de voir vos concitoyens et nos administrés « vous prodiguer les louanges et les bénédic- « tions que vous ont méritées vos soins infa- « tigables dans les fonctions importantes que

« vous avez remplies à la tête du ci-devant « Conseil général de la commune de Valence.

« Salut et fraternité. »

Une année ne s'était pas écoulée que M. de Montalivet dut revenir à Valence où le rappelait la réalisation du rêve de toute sa vie, son mariage avec sa cousine, Mlle de Saint-Germain, avec qui il avait été élevé et à laquelle il était uni depuis son enfance par les liens d'une tendre et mutuelle affection. Mlle de Saint-Germain dont, suivant les expressions de Napoléon dans les souvenirs de Sainte-Hélène, « Valence avait aimé les vertus et admiré la beauté, » Mlle de Saint-Germain avait vu périr son père sur l'échafaud révolutionnaire et n'avait plus pour protecteur que son jeune cousin, qui l'épousa en 1797, après un deuil qu'elle avait voulu absolument porter pendant trois années.

On peut dire que la révolution a fait le mariage comme la fortune politique de M. de Montalivet : route douloureuse et cruelle, mais au terme de laquelle il devait trouver le bonheur et la grandeur de sa vie.

Le bonheur de sa vie : — Avant la révolution, M. de Saint-Germain avait repoussé la demande de son neveu et les prières de sa fille, au nom de sa fortune qui lui promettait de plus grandes alliances ; son ambition était restée inflexible. Quelques années plus tard, après la plus épouvantable des catastrophes, le cousin, devenu plus riche que sa cousine presque ruinée par la confiscation, venait à elle pour adoucir de trop grandes et trop justes douleurs, lui offrant son nom, sa modeste aisance et ses soins dévoués pour recueillir les restes de l'héritage paternel.

La grandeur de sa vie : — Avant la révolution, M. de Montalivet était destiné à vivre et à mourir honoré sous la toge du magistrat; mais son renom modeste fût resté probablement renfermé dans le cercle étroit de Grenoble et de Valence. Tout à coup il est renversé de sa chaise curule; l'ordre social qui l'avait fait naître au milieu de ceux qui allaient être proscrits et décimés, est attaqué jusque dans ses fondements; il rencontre à ce moment un jeune inspiré de génie, tout d'abord révolutionnaire, avec lequel il lutte chaque jour dans des discussions intimes au nom d'idées qui perdent chaque jour du terrain. Puis la nuit se fait, la foudre éclate; la société semble prête à périr tout entière. Mais bientôt le ciel s'éclaircit, M. de Montalivet lève les yeux et reconnaît au sommet de l'édifice social le jeune officier de Valence, qui se souvient du passé, et l'appelle à prendre une grande part dans le présent.

Cependant le hasard des révolutions n'eût certainement pas suffi à procurer à M. de Montalivet la jouissance de ces plus grands biens d'ici-bas — le bonheur domestique tel qu'il l'avait rêvé, la grandeur d'un rôle politique de premier ordre — s'il n'avait conquis l'aptitude à ces faveurs de la Providence par l'énergique effort de l'étude, par le culte des sentiments de la famille et la pratique des vertus du citoyen.

II.

1801 — 1806.

M. de Montalivet remplissait de nouveau en 1801 les fonctions de maire de Valence, lorsqu'il reçut l'appel qui lui était fait au nom des souvenirs d'un passé toujours présent à sa mémoire et à son cœur. Une lettre du ministre de l'intérieur Chaptal lui faisait connaître l'intention du consul Bonaparte de lui confier l'administration du département de la Manche, et l'invitait en conséquence à se rendre à Paris.

Quelques hésitations retardaient encore la

réponse de M. de Montalivet, qui devait quitter Valence avec tant de regrets, lorsqu'il reçut l'avis de sa nomination à la préfecture du département de la Manche, et l'ordre de se rendre à son poste. Il ne résista pas à cette brusquerie de la fortune et se donna dès lors tout entier au grand homme qui l'associait avec tant de confiance à l'œuvre de la réorganisation sociale et politique de la France.

Notre intention n'est pas d'entrer ici dans les détails de la brillante carrière administrative et politique de M. de Montalivet. Ce serait sortir du cadre restreint que comporte une simple notice. Nous nous bornerons à caractériser chacune des phases de cette existence si bien remplie, par le rapide récit de quelques faits qui feront mieux comprendre comment chaque jour, sans efforts et en restant lui-même, il acquérait de nouveaux titres à la confiance, à l'estime de l'Empereur, et à cette pure renommée que l'histoire a attachée à son nom.

Peu de mois s'étaient écoulés depuis la nomination du maire de Valence à la préfecture de la Manche, lorsqu'un épisode dans lequel les souvenirs du Dauphiné ont joué un grand rôle vint donner la mesure de la manière dont M. de Montalivet entendait servir les graves intérêts qui lui étaient confiés, de l'indépendance qu'il mettait au service de son dévouement, et de la haute intelligence avec laquelle il comprenait les conditions de la pacification des esprits dont il avait raison de se regarder comme l'un des principaux instruments.

L'administration du département de la Manche était assurément l'une des plus importantes de la France, sous le rapport des difficultés politiques. Ce département appartenait beaucoup plus à la Bretagne qu'à la Normandie. Le préfet s'y trouvait en face, non-seulement des anciennes passions révolutionnaires mal éteintes, mais encore des débris de la chouannerie organisée, qui, profitant du voisinage du département d'Ille-et-Vilaine, n'avait pas renoncé à de nouvelles tentatives. L'un de ses chefs les plus déterminés était caché dans le département de la Manche, et recherché activement par la police : c'était le chevalier de Bruslard, émigré, déjà condamné à mort, et ancien camarade de Montalivet à l'école militaire de Tournon.

Sur ces entrefaites, le préfet de la Manche reçoit une dépêche du ministre de la police Fouché, qui lui signale le lieu, la maison où se cache Bruslard, lui enjoignant de l'arrêter, de constater l'identité et d'exécuter la loi. — C'était l'arrêt de mort de l'ancien émigré, saisi au moment où il méditait de nouvelles entreprises contre le gouvernement. M. de Montalivet prend immédiatement son parti : la nuit tombée, il fait entourer la maison qui sert d'asile à Bruslard, le fait saisir et conduire à la préfecture.

Là, s'établit entre les deux anciens camarades le colloque suivant :

« Tu seras donc toujours le même, Bruslard, et rien ne pourra te corriger? tu connais la loi?

— Je ne me corrigerai jamais, monsieur, et je connais la loi, faites votre devoir.

— Mon devoir, malheureux! je le connais mieux que toi; mais toi seul es le maître absolu de la façon dont je l'accomplirai. Écoute-moi bien, Bruslard, voici un passe-port sous un nom supposé; je le mets à ta disposition avec une personne sûre pour te conduire jusqu'à un lieu d'embarquement. Tout est préparé. Pars donc et quitte la France avant la fin de la nuit; sinon, continua-t-il en regardant fixement le chevalier, demain tu n'auras devant toi que le préfet de la Manche et la loi qu'il a l'ordre d'exécuter. Tu me connais, tu sais que je n'ai jamais manqué à ma parole ; eh bien, je te donne ma parole que si tu es encore demain en France, je te fais fusiller. — Allons, pars, ton camarade t'en supplie, et n'y reviens plus. »

Bruslard, touché aux larmes, embrasse son camarade dauphinois : « Tu n'as pas plus « changé que moi, s'écrie-t-il, merci. » Quelques heures après, il s'était embarqué pour l'Angleterre : Bruslard était sauvé.

M. de Montalivet, dès qu'il eut la certitude que son ancien camarade s'était éloigné des côtes de la France, prit la poste et courut à Saint-Cloud rendre compte de sa conduite au premier consul : « J'ai désobéi, dit-il, en terminant, aux ordres du ministre de la police, pour obéir à la voix impérieuse du devoir tel que je l'entendais; mais je suis sûr en même temps de vous avoir bien servi.

— Une telle conduite ne m'étonne pas de votre part, répliqua Bonaparte; vous êtes un homme d'honneur. Au reste, Bruslard est un fou, mais un fou à sentiments : il a refusé d'être mon assassin et demandait des hommes pour m'attaquer à force ouverte avec mon escorte sur la route de Saint-Cloud. Retournez à votre poste, je me charge de votre affaire avec Fouché. »

M. de Montalivet servait bien, en effet, par de tels actes, le gouvernement et son glorieux chef. Deux années étaient à peine écoulées que le département de la Manche avait changé de face. Les routes devenues sûres, le commerce prospère, les plaies du passé chaque jour cicatrisées, les esprits pacifiés, tels furent les résultats d'une administration qui n'a jamais été oubliée dans le département de la Manche.

Ces succès aussi rapides que complets prouvaient au premier consul qu'il ne s'était pas trompé dans ses vues sur son ancien hôte de Valence. Aussi, avant même le grand jour où le Sénat, organe de la presque unanimité de la France nationale, proclama la nécessité d'une monarchie nouvelle, le premier consul Bonaparte, au moment de devenir l'empereur Napoléon, rapprocha M. de Montalivet de sa personne et des grandes affaires, en lui confiant, le 31 mars 1804, la préfecture du département de Seine-et-Oise.

Quelques mois ne s'étaient pas écoulés que de nouvelles difficultés s'élevèrent entre le ministre de la police Fouché et le préfet, si profondément séparés l'un de l'autre, non-seulement par les souvenirs du passé, mais surtout par le contraste tranché de leurs caractères.

Si Fouché semblait partager, pour le moment, le dévouement de M. de Montalivet pour le glorieux fondateur du gouvernement impérial, ses idées personnelles sur la morale n'avaient pas assurément changé, et Versailles devait bientôt en recevoir un témoignage à ajouter à tous ceux que la justice de l'histoire a recueillis. Le préfet avait nettement refusé l'autorisation d'établir une maison de jeu à Versailles ; mais la compagnie qui s'était formée pour cette déplorable exploitation ne se tint pas pour battue, s'adressa au ministre de la police, et revint bientôt avec une autorisation ministérielle que ses directeurs notifièrent à la préfecture de Seine-et-Oise, en annonçant l'ouverture très-prochaine de la maison de jeux. Le préfet maintint l'interdiction, et s'apprêtait à en faire valoir les motifs auprès du ministre, lorsqu'il apprit que, malgré ses ordres, la maison de jeu allait être ouverte le soir même dans un local provisoire.

Le préfet n'hésite pas, se met lui-même à la tête des agents de la force publique, pour n'engager que sa responsabilité personnelle dans une affaire de haute police où le nom et l'autorité du ministre pouvaient être invoqués; il se présente tout à coup dans la salle, et fait procéder en sa présence à la dispersion des joueurs et à la saisie du matériel. Cet acte de vigueur devait faire du bruit et froisser Fouché; le préfet de Seine-et-Oise prit les devants et s'empressa d'aller rendre compte de sa conduite à l'Empereur qui l'approuva.

Ce que Napoléon appréciait chaque jour davantage dans M. de Montalivet, c'était l'heureux mélange du dévouement le plus affectueux à sa personne, avec une fermeté et une indépendance qui en rehaussaient le prix et en doublaient l'efficacité. Peu de mois après, en 1805. il l'appelait à faire partie de ce grand

Conseil d'État dont le souvenir demeurera dans l'histoire, et restera gravé sur les impérissables monuments des Codes français.

C'est vers la même époque que Mme de Montalivet devint, avec Mmes de Turenne, de Bouillé et de Marescot, l'une des dames du palais de l'Impératrice. A ce sujet, nous emprunterons aux notes et aux souvenirs de M. de Montalivet l'épisode intime qui précéda cette nomination, et qui fera de mieux en mieux comprendre la situation toute particulière que les précédents et le caractère de M. de Montalivet lui avaient assurée auprès de Napoléon. Il y avait dans cette situation un lointain ressouvenir des relations de Valence, de la commune intimité avec Sucy, et d'une estime conçue au sein même des anciens dissentiments politiques qui devenaient pour le chef d'une monarchie nouvelle autant de motifs de sympathie et de confiance. Quand il voyait M. de Montalivet, l'empereur Napoléon se souvenait du lieutenant Bonaparte.

La faveur qui venait chercher Mme de Montalivet la trouva peu disposée à s'en réjouir, et même à l'accepter. Son éducation, ses idées personnelles, son cœur brisé en 1793 par le meurtre juridique de son père, la portaient tout entière vers le culte des devoirs de la famille : c'était pour elle à la fois une consolation et une mission; elle s'y consacrait avec toute l'ardeur d'une nature qui admettait à peine le partage avec ce qu'on appelle les devoirs du monde, dans une société où elle était si bien faite pour briller par cet esprit élevé et par cette beauté dont l'Empereur parlait encore à Sainte-Hélène comme de l'un des souvenirs les plus frappants de son séjour à Valence.

« Dans tous les cas, disait-elle, je n'accepterai pas sans conditions les fonctions que l'Empereur me destine auprès de l'Impératrice. »

Pour éviter à son mari l'embarras bien naturel que lui causaient ces hésitations, Mme de Montalivet se décida à s'en expliquer elle-même, à la première occasion, avec l'Empereur. « Je suis profondément touchée, lui dit-elle, de la pensée qu'a eue Votre Majesté de m'attacher à la personne de l'Impératrice.

Mais vous me permettrez, Sire, de vous parler avec toute la sincérité que vous aimez en M. de Montalivet : Votre Majesté connaît mes convictions sur la mission de la femme en ce monde ; la faveur, enviée par tous, qu'Elle a la bonté de me destiner, deviendrait un malheur pour moi, si je devais renoncer à soigner mon mari quand il a la goutte, et à nourrir mes enfants quand la Providence m'en accorde. Aussi demanderai-je respectueusement à Votre Majesté, qui ne me veut que du bien, si mon service auprès de l'Impératrice pourra se concilier avec des soins auxquels il me serait impossible de renoncer. S'il en était ainsi, Votre Majesté aurait deux fois des droits à ma reconnaissance. »

L'Empereur, en écoutant, avait commencé par froncer le sourcil ; mais, s'inclinant bientôt d'un air gracieux devant son interlocutrice : « Ah ! vous me faites des conditions, Mme Montalivet, je n'y suis pas accoutumé... N'importe, je m'y soumets. Soyez donc dame du palais : tout sera arrangé de manière que vous restiez épouse et mère comme vous l'entendez. »

Cette promesse de l'Empereur fut fidèlement accomplie, aussi bien par Marie-Louise que par Joséphine. Les deux impératrices n'appelaient Mme de Montalivet auprès de leurs personnes que dans les moments où l'épouse et la mère n'avait à renoncer à aucun des devoirs qu'elle plaçait en première ligne.

C'est ainsi que Napoléon se plaisait à témoigner à M. de Montalivet une confiance pleine d'égards, à Mme de Montalivet une bienveillance empreinte de respect, et faisait une place à part dans la cour impériale à ses anciens hôtes de Valence.

III.

1806 — 1815.

En 1806, M. de Montalivet fut appelé à la direction générale des ponts et chaussées.

Cette époque de sa vie fut pleine d'une activité brillante et féconde. Il commença dès lors à travailler souvent avec l'Empereur, qui put apprécier encore mieux ses hautes facultés administratives. Placé à la tête d'un corps illustre dont plusieurs membres avaient un nom européen, le nouveau directeur général, tout en témoignant une grande déférence à ses savants collaborateurs, conservait son autorité et la fortifiait chaque jour par l'instruction, la rare intelligence et la capacité qu'il apportait dans l'examen des projets soumis à sa décision ou destinés à obtenir la sanction de l'Empereur. L'Empereur, de son côté, était charmé de trouver dans le directeur général un homme capable de soutenir la discussion sur les projets les plus importants et de répondre aux questions de son inépuisable curiosité.

Trois ans plus tard, en 1809, l'Empereur rapprocha encore M. de Montalivet de sa personne en lui confiant le ministère de l'intérieur.

L'esprit du ministre parut s'agrandir sur le théâtre si vaste où il était appelé. Il y déploya, outre cette puissance de travail que Napoléon estimait tant et qu'il possédait lui-même au plus haut degré, la capacité synthétique qui saisit et juge les grands ensembles, en même temps que l'esprit de facile analyse qui sait pénétrer dans tous les détails.

Le tableau des résultats de son active et féconde administration serait trop vaste pour entrer dans le cadre étroit de cette notice.

Il faudrait montrer M. de Montalivet, de 1806 à 1814, consacrant plus de 400 millions aux grands travaux publics, et présidant personnellement à Paris à la construction de nouveaux ponts, à la multiplication des fontaines, à la prolongation des quais, pendant qu'il ouvrait au commerce les abattoirs, les greniers de réserve, les entrepôts, les marchés, et qu'il élevait à la religion, à la gloire et au crédit de la France des monuments tels que la Madeleine, l'Arc de triomphe et le palais de la Bourse. Il faudrait le montrer sur tous les autres points importants du vaste territoire de la France d'alors, allant présider lui-même, dans des excursions quelquefois dangereuses, à la recherche des solutions les plus propres à assurer la puissance et la prospérité du pays. C'est ainsi qu'il se rendait, — tantôt au nord, pour poser les premières pierres des bassins d'Anvers, pour inspecter les grands travaux de la ville du Havre, pour discuter sur place les projets du grand canal du Nord, et faire continuer à Cherbourg les immenses travaux, achevés aujourd'hui, qui ont donné à la France, en face de l'Angleterre, l'un des plus grands ports militaires du monde ; — tantôt au midi, pour aplanir les voies entre la France et l'Italie, à travers le Simplon et le mont Cenis, pour suspendre en quelque sorte au-dessus de la Méditerranée, entre Nice et Gênes, une route justement appelée la route de la Corniche, et pour chercher à travers les Apennins les moyens de réunir par un canal de grande navigation l'Adriatique à la Méditerranée :

« Il n'est probablement, disait de lui à la Chambre des pairs, le 20 mars 1823, le comte Daru, qui fut son condisciple dans l'enfance, son collègue dans le Conseil et son ami durant toute sa vie, il n'est probablement aucun ministre dans les temps modernes qui ait eu le bonheur de laisser après lui autant de monuments que M. de Montalivet. »

Il faudrait montrer M. de Montalivet au Conseil d'État et au Corps législatif : discutant toutes les grandes questions d'administration publique, perfectionnant les organisations anciennes, en créant de nouvelles et présentant ces exposés annuels de la situation de l'Empire qui resteront comme autant de documents historiques de premier ordre. Il faudrait le montrer dans son cabinet, protégeant les lettres, les arts et les sciences avec une indépendance à laquelle, après la chute de l'Empire et après sa mort, tous les partis ont rendu justice; distribuant des encouragements nombreux et efficaces à toutes les branches de l'industrie nationale, et spécialement à la fabrication naissante du sucre de betteraves, et donnant au ministère de l'intérieur une organisation que son fils, devenu à son tour ministre de l'intérieur, vingt années plus tard, devait retrouver debout après trois révolutions.

Il faudrait encore le montrer aux prises avec les cruelles et douloureuses épreuves des années 1812, 1813 et 1814. La disette sévissait à Paris et dans toute la France, au moment même où d'innombrables ennemis s'avançaient vers ses frontières. Lutter avec succès par des mesures aussi promptes qu'énergiques contre la famine menaçante; faire appel pendant ce temps à toutes les forces nationales pour combattre le fléau de l'invasion étrangère et spécialement organiser en garde nationale tout ce qui restait de citoyens valides : telle fut la tâche patriotique à laquelle se dévoua le ministre de l'intérieur dans ces années de funeste mémoire. Cependant il sut encore trouver assez de ressources pour ne pas abandonner les grands travaux qui ont honoré le règne de Napoléon. Les mains qui les continuaient étaient plus faibles et moins nombreuses ; mais c'était encore du pain pour beaucoup de familles, en même temps que la poursuite, dans la mesure du possible, des seules grandeurs de l'Empire qui lui aient matériellement survécu.

Il faudrait enfin le montrer, en présence de l'étranger aux portes de la capitale, conseillant à la régente de défendre elle-même Paris ; puis, quand d'autres avis eurent si fatalement triomphé, accompagnant l'impératrice et le roi de Rome à Blois en qualité de secrétaire de la régence, et contre-signant de son nom avec ce titre dangereux une proclamation où la régente faisait appel aux populations du midi et de l'ouest de la France pour lutter contre l'étranger[1] : à lui donc appartient l'hon-

1. Voici le texte de cette proclamation :

« Français !

« Les événements de la guerre ont mis la capitale au pouvoir de l'étranger.

« L'Empereur, accouru pour la défendre, est à la tête de ses armées si souvent victorieuses.

neur d'avoir poussé en 1814 le dernier cri du patriotisme, d'avoir fait entendre la der-

« Elles sont en présence de l'ennemi sous les murs de Paris.

« C'est de la résidence que j'ai choisie et des ministres de l'Empereur qu'émaneront les seuls ordres que vous puissiez reconnaître.

« Toute ville au pouvoir de l'ennemi cesse d'être libre ; toute direction qui en émane est le langage de l'étranger, ou celui qu'il convient à ses vues hostiles de propager.

« Vous serez fidèles à vos serments : vous écouterez la voix d'une princesse qui fut remise à votre foi, qui fait sa gloire d'être Française, d'être associée aux destinées du souverain que vous avez librement choisi.

« Mon fils était moins sûr de vos cœurs au temps de nos prospérités.

« Ses droits et sa personne sont sous votre sauvegarde.

« *Signé :* Marie-Louise.

« Pour l'Impératrice régente,

« Le Ministre de l'intérieur, faisant fonction de secrétaire de la régence,

« Montalivet.

« Blois, le 3 avril 1814. »

nière protestation de l'indépendance nationale.

Telle est l'esquisse rapide et bien incomplète des grands faits qui rattachent si honorablement le nom de Montalivet à l'histoire de l'Empire.

On y retrouve d'ailleurs M. de Montalivet toujours semblable à lui-même, et tel que nous l'avons connu. avec les souvenirs, les goûts et le caractère de sa jeunesse dauphinoise. Il ne manquait pas une occasion de se faire l'avocat des Dauphinois auprès de l'Empereur, qui s'associa souvent aux préférences de son ministre, et qui n'eut presque jamais à s'en repentir ; car si M. de Montalivet était doué de la faculté de gouverner habilement les choses. il avait le don de bien choisir les personnes.

C'est ainsi que son cabinet était presque entièrement composé de jeunes gens appartenant aux départements de la Drôme et de l'Isère, qui tous se sont plus ou moins distingués dans les diverses carrières parcourues par eux.

Chez M. de Montalivet, la puissance était rehaussée par la simplicité, de même que son dévouement absolu à l'Empereur était non-seulement expliqué par sa tendresse (c'est le mot dont se servait Napoléon en en parlant à Las Cases), mais surtout honoré par sa sincérité.

Cette sincérité a pu, dans certaines circonstances, causer quelque irritation à l'Empereur; mais le premier mouvement passé, elle ne faisait qu'élever dans son estime le serviteur qui en était capable.

C'est ainsi que M. de Montalivet savait concilier son dévouement presque passionné à Napoléon avec la fermeté des sentiments qui lui étaient tout personnels.

Quelques faits plus intimes et moins publics que ceux dont nous avons déjà parlé peuvent en fournir d'éclatants témoignages.

A la suite de la déplorable capitulation de Baylen, dans laquelle le général Dupont fit preuve de tant de faiblesse et d'incapacité, le général Marescot, malgré l'éminence de sa position dans le corps du génie militaire dont il était l'honneur, et peut-être à cause de cela même, fut associé par l'Empereur à la responsabilité de ce grave échec du drapeau français et enfermé dans la prison de Montaigu. Mme la comtesse Marescot, dame du palais de l'Impératrice, demanda alors à être relevée de ses fonctions, et sollicita comme une faveur l'autorisation de partager la prison de son mari dont elle adoucit, en effet, les rigueurs, depuis le premier jusqu'au dernier jour.

M. de Montalivet était l'ami de M. de Marescot, et le tenait dans une haute et juste estime.

Mme de Montalivet était non-seulement la compagne de Mme de Marescot, comme dame du palais de l'Impératrice, mais encore elle s'était attachée à elle par les liens d'une amitié fondée sur la similitude des idées et des sentiments.

Ils n'hésitèrent ni l'un ni l'autre à donner à leurs amis malheureux des marques de leur sympathie en allant les visiter dans leur prison.

Cette conduite fut d'autant plus remarquée que l'isolement s'était fait plus grand autour du général Marescot.

Fouché prit soin d'en entretenir l'Empereur et de lui faire remarquer la fréquence des visites du conseiller d'État au prisonnier d'État. Fouché avait plus d'une revanche à prendre contre M. de Montalivet dont il était si profondément séparé par les souvenirs de 1793, et qui était l'adversaire tout naturel de son influence. Mais l'Empereur, tout en se servant de quiconque lui paraissait un instrument utile, savait faire la part de chacun. Celles de Fouché et de Montalivet étaient faites d'avance dans l'esprit et dans le cœur de Napoléon.

Au moment des visites à la prison de Montaigu M. de Montalivet était directeur général des ponts et chaussées.

Une année plus tard, l'Empereur l'appelait au ministère de l'intérieur, et quelques mois ne s'étaient pas encore écoulés que Fouché tombait en disgrâce et quittait le ministère de la police.

La ligne droite avait réussi une fois de plus à M. de Montalivet. Il eut même la consolation de faire échanger la prison de Marescot contre un exil à Tours.

L'ascendant de l'Empereur sur son ministre était assurément très-puissant; mais M. de Montalivet ne cessa jamais de s'appartenir. Son dévouement avait quelque chose d'ardent et d'absolu comme son caractère même, comme le génie du grand homme qui en était l'objet. A la fois personnel et politique, ce dévouement ne fut jamais servile : bien plus, M. de Montalivet y puisa plus d'une fois le courage de déplaire.

C'est ce qui lui arriva dans une de ces circonstances qui troublent les cœurs et éprouvent les caractères.

C'était en 1812, au moment où l'Empereur, après la désastreuse retraite de Moscou, accourait à Paris pour faire appel au patriotisme de la France et lui demander une autre armée; son premier soin dans ses entretiens avec ses ministres fut de les interroger avec une anxiété à peine contenue, sur les dispositions de l'opinion publique si profondément émue, il y avait trois mois à peine, par le triomphe éphémère de la conspiration des généraux Malet, Lahorie et Guidal.

M. de Montalivet, interrogé à son tour, comme les ministres de la police et de la guerre, exprima sa surprise de ce que ses collègues n'avaient pas signalé à l'Empereur les menées du parti royaliste, les proclamations du prétendant signées du nom de Louis XVIII, et l'agitation produite par elles sur quelques points de la Bretagne, de la Vendée et de l'Anjou, au moment même où la conspiration Malet éclatait.

Devant cet exposé sincère qui répondait si directement à des préoccupations qu'on pouvait cacher comme les ministres, ou contenir comme l'Empereur, mais qui, malgré le vague des craintes ou des espérances dont elles pouvaient être alors la source, se trouvaient déjà au fond de beaucoup d'esprits, l'Empereur se laissa aller à un de ces emportements qui ont trop souvent obscurci chez lui la lumière de la justice et de la vérité.

« Et vous vous préoccupez, s'écria-t-il, de ces sottises-là !

— Je ne les crains pas. Sire, mais je les signale.

— Allons donc! monsieur, en parler seulement c'est pure lâcheté. »

A ce mot, M. de Montalivet se sentit frappé au cœur, et se levant aussitôt :

« Sire, je n'ai qu'une manière de demander raison à Votre Majesté du mot injuste et cruel dont elle vient de se servir, c'est de rompre à jamais des liens que je ne saurais plus garder avec dignité. » Puis, déposant son portefeuille sur la table, il se retira.

Peu d'instants après, un hasard singulier fit assister l'auteur de cette notice au récit de cette scène, dont il a recueilli depuis les détails dans les souvenirs de son père.

Agé de près de douze ans et malade, il était alité et reposait dans la chambre de sa mère, lorsque tout à coup M. de Montalivet s'y précipite, et sans faire attention à son fils qu'il a réveillé, raconte avec la plus vive animation ce qui vient de se passer aux Tuileries, et sa résolution de n'y plus rentrer.

Le sentiment de Mme de Montalivet, pour qui l'a connue, ne pouvait être douteux. Elle s'associa de toute la hauteur de son âme à la susceptibilité de son mari.

L'un et l'autre ne songeaient plus qu'à donner les ordres du départ, lorsqu'un chambellan se présente se disant porteur d'un message personnel pour M. de Montalivet.

Il est immédiatement reçu.

« Que me voulez-vous, monsieur ?

— Monseigneur, l'Empereur m'a chargé de

vous rapporter les paroles suivantes qu'il m'a expressément recommandé de répéter textuellement : « Je prie mon ami Montalivet de « venir me voir. »

Cet appel, qui n'était pas adressé au ministre, pénétra jusqu'au cœur de M. de Montalivet comme un commencement de réparation, et le décida à se rendre sur-le-champ aux Tuileries.

Il arrive. — Du plus loin que l'Empereur l'aperçoit, il accourt vers lui, et lui prenant les deux mains : « N'est-ce pas, mon cher Montalivet, lui dit-il du ton le plus affectueux, que nous oublions ce qui vient de se passer? »

Tout pouvait être oublié, en effet, excepté la sincérité de M. de Montalivet, qui était, non plus proscrite comme elle avait semblé l'être un instant, mais honorée et acceptée.

Nous pourrions citer d'autres circonstances dans lesquelles le dévouement de M. de Montalivet se manifesta par la liberté même avec laquelle il critiquait des mesures qu'il considérait comme dangereuses ou inefficaces. C'est ainsi qu'il éleva des objections contre la formation des quatre régiments de gardes d'honneur.

M. de Montalivet fit vainement remarquer que cette mesure, qui devait troubler et irriter tant de familles, n'apporterait pas, à beaucoup près, la force militaire que les ministres de la guerre et de la police promettaient à l'Empereur.

Il parvint du moins à limiter le mal, en usant largement de la latitude qui lui fut laissée par l'Empereur, pour la révision, avant leur envoi au ministre de la guerre, des listes dressées par les préfets, saisissant l'occasion de faire ainsi prévaloir dans un assez grand nombre de cas particuliers l'opinion qu'il n'avait pu faire triompher en principe général... Nous pourrions nous complaire à citer plus d'un fait analogue ; mais il nous semble que nous en avons dit assez pour faire connaître la place que l'empereur Napoléon avait donnée à M. de Montalivet dans sa confiance et dans son estime.

Après la chute de l'Empire, M. de Montalivet, dont la santé était déjà gravement atteinte par la maladie à laquelle il devait succomber quelques années plus tard, se retira dans sa propriété de l'hôtel Lambert, ce monument d'artistique mémoire, qui depuis a servi d'asile au prince Czartoryski. Il ouvrit son salon à tous ceux qui avaient ressenti, comme lui, avec une amère et profonde douleur la chute de l'Empire et le triomphe des armées étrangères. M. de Montalivet restait sans doute soumis aux lois de son pays et se montrait tristement résigné aux décrets sévères de la Providence ; mais, ainsi que l'a fait remarquer M. Thiers, son salon, comme ceux de quelques-uns des anciens amis et serviteurs de Napoléon, était une sorte de protestation vivante qui entretenait des sentiments favorables à l'Empire, et préparait, sans conspirations, la marche victorieuse et pacifique qui devait ramener l'Empereur de l'île d'Elbe à Paris, dix mois à peine après l'abdication de Fontainebleau.

Dès le lendemain de son retour aux Tuileries, Napoléon appela M. de Montalivet aux fonctions d'intendant général de la couronne, fonctions moins politiques, mais plus intimes que celles de ministre. D'ailleurs M. de Montalivet, à ses propres yeux comme à ceux de Napoléon, convenait peu, comme ministre de l'intérieur, à la situation nouvelle, qui inspirait à l'Empereur la pensée de revenir à Fouché et d'invoquer le concours de Carnot.

L'Empereur voulait, en réveillant dans une

certaine mesure les passions politiques de 1792, faire renaître ce grand mouvement national qui entraîna la France vers ses frontières pour défendre contre l'étranger le sol sacré de la patrie; et, ce mouvement une fois donné, il voulait en même temps que le ministre de l'intérieur ne fût pas plus étranger aux choses de la guerre que le ministre qui en portait le titre.

Le nom de Carnot, qui n'avait donné que trop de gages aux souvenirs de la révolution, et à qui l'opinion publique, à cette époque, avait décerné non sans justice le beau titre d'organisateur de la victoire, semblait plus propre que tout autre à la réalisation de cette double condition.

Quant au choix de Fouché, quelle que fût son incontestable habileté, on demeure confondu des illusions et de l'imprévoyance de l'Empereur.

Était-ce le résultat d'une confiance exagérée dans l'ancien ministre des premières années? On ne saurait le croire après les avertissements du passé et des amis les plus clairvoyants. N'est-ce pas plutôt un nouveau signe de cette confiance personnelle, de cette espèce d'idolâtrie envers lui-même, qui persuadait à l'Empereur qu'aucune obscurité n'était impénétrable aux lumières de son esprit, qu'aucune intelligence humaine ne pouvait se soustraire à l'ascendant de la sienne, qu'aucune entreprise n'était au-dessus de la puissance de son génie?

Quoi qu'il en soit, la trahison avait été introduite au cœur même de la place, et, les yeux fixés sur le plus fort, elle se tenait prête à devenir son complice le lendemain de la victoire.

Quant à M. de Montalivet, les difficultés de la situation qui laissaient la liste civile presque sans ressources, et le peu de jours comptés à l'Empire par la Providence, ne lui permirent pas de marquer son passage dans cette grande et paisible administration par quelques-uns de ces travaux qui laissent des traces dans l'histoire.

Le souvenir qui s'attache le plus spécialement à cette époque de la vie de M. de Montalivet est celui d'un dévouement d'autant plus touchant qu'il avait moins d'illusions sur le triomphe de la cause à laquelle il se donnait de nouveau tout entier.

Dès les premiers moments, il eut peu de confiance dans le succès des tentatives de paix ou d'alliances faites par l'Empereur auprès des diverses puissances continentales avec une sincérité qui ne peut être révoquée en doute. Mais le jour où l'échec de ces tentatives plaça définitivement la France en face de la déclaration de guerre à outrance signée le 13 mars 1815 à Vienne par les représentants de tous les gouvernements de l'Europe, il eut, sans que la fermeté de son dévouement en reçût la moindre atteinte, la douleur de conserver bien peu de doutes sur le résultat d'une lutte dans laquelle le génie du grand capitaine devait, comme en 1814, succomber tôt ou tard sous l'effort de l'Europe se ruant de nouveau tout entière sur la France épuisée et divisée.

L'auteur de cette notice en conserve un souvenir tout personnel. Le 17 juin 1815, il était dans le cabinet de son père, à l'intendance générale de la couronne, au moment où celui-ci reçut et ouvrit la dépêche qui annonçait comme un succès décisif la victoire impuissante et presque douteuse remportée le 16 sur l'armée prussienne. Mme de Montalivet venait d'apprendre de son côté la nouvelle qui circulait déjà dans Paris : « Grande victoire, s'écria-t-elle en entrant dans le cabinet de son mari. — Rendons grâces à Dieu, repartit

M. de Montalivet, mais, hélas ! le lendemain, le lendemain !... »

Il était bien loin de prévoir en prononçant ces paroles que cette douloureuse prévision, dont son âme était obsédée, allait devenir, sous sa forme énergiquement mélancolique, une prédiction si cruellement exacte. Vingt-quatre heures ne s'étaient pas écoulées que Ligny faisait place à Waterloo.

Le funeste dénoûment du drame des cent-jours plaça M. de Montalivet, comme tous les serviteurs du glorieux vaincu, en face d'une royauté irritée et d'un parti résolu à toutes les extrémités d'une inexorable réaction : pour les uns, la mort avec les formes de la justice, pour les autres, la proscription sans jugement.

M. de Montalivet attendit sans fléchir la part qui lui serait faite dans ces arrêts de la passion humaine.

IV.

1815 — 1823.

M. de Montalivet avait été porté sur la liste de proscription, malgré la présence dans le Conseil d'anciens collègues qui n'avaient pas osé ou voulu protester contre une mesure que son caractère rendait plus odieuse envers lui qu'envers tout autre. Mais au-dessous du ministère, placé déjà plus haut que les ministres dans la confiance du roi, se trouvait un ancien magistrat, devenu préfet de police, qui, ayant beaucoup connu M. de Montalivet, pouvait témoigner personnellement de la parfaite loyauté d'un caractère qui avait toujours su concilier la constance de ses sentiments avec l'accomplissement des devoirs d'un citoyen éloigné de toute intrigue et de toute conspiration. M. Decazes, dont le nom rappelle plus d'un acte libéral et généreux, témoigna au roi sa surprise, on peut même dire son indignation, de ce que l'inscription du nom de Montalivet sur la liste des suspects, qui devait bientôt devenir celle des bannis, n'eût été suivie d'aucune réclamation de la part de plusieurs des membres du Conseil, qui l'avaient si bien connu. Louis XVIII, touché par le récit de quelques-uns des faits de cette vie si pure et si supérieure aux mauvaises passions, prit la liste et raya immédiatement de sa main le nom de Montalivet.

C'est ainsi que le caractère de M. de Montalivet le protégeait, sans qu'il s'en doutât, contre les violences de la royauté restaurée, au moment même où, sur le Bellérophon, l'Empereur déchu, dictant ses souvenirs à Las Cases, lui décernait le double titre si bien mérité d'honnête homme et d'ami.

Précipité des sommets les plus élevés où puisse atteindre l'ambition d'un homme, M. de Montalivet accepta avec simplicité le rôle si modeste et si effacé que la fortune semblait désormais lui assigner.

« Il est une tâche plus difficile peut-être que toutes les autres, disait le comte Daru à la Chambre des pairs en parlant de M. de Montalivet, c'est de savoir vivre loin des grandes affaires après les avoir maniées. Notre collègue sortit honorablement de cette nouvelle épreuve, et sut conserver dans la retraite toute la noblesse de son caractère. »

En effet, M. de Montalivet n'émigra pas plus à l'intérieur après 1815, qu'il n'avait émigré au dehors après 1793. Il estimait que le rôle de simple citoyen ne manque jamais d'honorer quiconque est résolu à en remplir tous les devoirs et à en réclamer tous les droits.

C'est au milieu de cette pratique modeste des vertus civiques que vint le saisir la nouvelle inattendue d'un grand acte qui devait le ramener sur la scène politique, vers le déclin de sa trop courte existence.

On se rappelle que, de 1817 à 1819, sous l'influence d'amis éclairés et principalement du ministre Decazes, le roi Louis XVIII sembla prêt à rompre sans retour avec la politique et les hommes de l'émigration. Déjà la Chambre des députés soutenait dans cette voie le gouvernement mieux inspiré qu'en 1815; mais, à la Chambre des pairs, la majorité se montrait hostile à la double tendance du gouvernement et de la Chambre des députés. Afin de donner plus d'homogénéité aux grands pouvoirs de l'État, le roi prit tout à coup une résolution hardie qui eût sauvé la Restauration, si, plus tard, elle n'eût conspiré contre elle-même. Il appela à la Chambre des pairs presque tous les hommes qui avaient participé avec le plus d'éclat aux glorieux travaux de l'Empire : armée, législation, administration.

Sous l'influence de cette heureuse association, la pairie acquérait l'expérience des affaires, la solidarité avec la société nouvelle, et la popularité de bon aloi dont l'absence faisait sa faiblesse et son danger.

La place de M. de Montalivet était naturellement marquée dans une assemblée destinée à rassurer la France sur ses conquêtes civiles, sur ses intérêts les plus précieux.

Il entra au Luxembourg sans l'avoir jamais sollicité directement ou indirectement, en même temps que cinq autres ministres de l'Empereur : MM. Daru, Molé, Mollien, Chaptal et Champagny ; et sept maréchaux de l'Empire : Lefèvre, Soult, Suchet, Moncey, Davoust, Jourdan et Mortier.

Le nouveau pair de France prit aux discussions parlementaires autant de part que le lui permit sa santé profondément altérée.

L'administrateur éminent et l'habile directeur général des ponts et chaussées se retrouvèrent tout entiers dans les jugements motivés que M. de Montalivet porta sur la loi dite des quatre canaux. Il approuva hautement le principe même de ces grands travaux inspirés par la louable pensée de favoriser les développements de l'agriculture et du commerce ; mais on ne peut qu'admirer la sûreté de coup d'œil avec laquelle il aperçut et signala les fâcheuses conséquences de la combinaison financière proposée pour leur construction et leur exploitation, en même temps que la merveilleuse exactitude de ses calculs sur les étranges erreurs d'un devis qui, dans son opinion, arrivait à peine au tiers de la dépense ; il fit remarquer enfin les regrettables lacunes d'un projet de canalisation qui, faute d'un certain nombre de petits canaux d'embranchement, était loin de desservir tous les intérêts, qui auraient dû trouver une égale protection dans leur établissement. L'avenir s'est chargé de donner complétement raison, sous tous les rapports, aux critiques de M. de Montalivet. Les dépenses ont atteint avec une singulière précision les chiffres de ses évaluations; des canaux d'embranchement ont dû être établis pour mettre la rive droite de la Loire en communication avec le canal latéral, et l'État, protecteur des intérêts généraux, s'est vu bientôt forcé de recourir à la mesure extrême et onéreuse d'une expropriation, pour recouvrer la liberté d'action qu'il avait aliénée en appelant une compagnie de capitalistes à partager avec lui non-seulement les dépenses d'exécution, mais, en fait, l'administration même des quatre canaux.

La politique n'eut pas moins de part que l'administration dans les travaux parlementaires de M. de Montalivet.

A peine assis sur les bancs du Luxembourg,

il prit la défense de la liberté de conscience menacée par un amendement qu'il eut la satisfaction de faire rejeter [1].

En 1820, il s'éleva avec force contre la loi du double vote, qu'il qualifia de mesure inconstitutionnelle et funeste [2].

En 1821, à propos d'un projet de loi ayant pour objet de favoriser l'établissement en France de fabriques et de manufactures anglaises, l'ancien ministre de 1812 fit entendre une protestation si vive contre la concurrence anglaise et contre l'abandon des intérêts français qu'il reprochait au projet [3], que la Cham-

1. *Moniteur* du 13 mai 1819.

2. *Moniteur* du 28 juin 1820.

3. *Moniteur* de 1821.

bre lui refusa l'autorisation de faire imprimer son discours.

En 1822, pendant la discussion de la loi sur la répression des délits de la presse[1], il appuya de son vote ou de sa parole tous les amendements qui avaient pour objet d'en modifier l'esprit dans un sens libéral; à cette occasion, il eut le courage bien rare de rappeler lui-même les fautes qu'avait pu commettre en ce point et avec son concours le glorieux gouvernement qu'il s'honorait d'ailleurs si hautement d'avoir servi.

« Le pouvoir, dit-il, ne trouvant plus de résistance, s'abandonna à sa tendance naturelle.

1. *Moniteur* des 4 et 11 mars 1822.

et crut s'affermir à jamais en devenant absolu. »

Puis, après ce noble regret exprimé sur le passé, il se retourna vers les ministres du gouvernement dont il était devenu, sans l'avoir demandé, le conseiller parlementaire, et leur adressa ces paroles aussi loyales que prophétiques :

« Si par des actes imprudents et en se laissant dominer par des hommes auxquels on peut supposer, à tort sans doute, ou des regrets pour le passé, ou des arrière-pensées pour l'avenir, le gouvernement faisait naître des craintes pour la stabilité de la charte constitutionnelle, ces craintes deviendraient bientôt la source de divisions et de troubles funestes. »

Peu de temps après ce dernier effort de son patriotisme, M. de Montalivet tomba malade pour ne plus se relever.

Les travaux et les émotions qui s'étaient partagé sa vie, la douleur profonde qu'il ressentit quand Napoléon succomba au supplice de Sainte-Hélène, hâtèrent une douloureuse séparation que son âge ne faisait pas pressentir. Il avait cinquante-six ans à peine, lorsqu'il rendit le dernier soupir, le 22 janvier 1823.

Sa mort fut aussi calme que sa vie avait été agitée. Ses dernières heures furent presque sans douleur, et lui laissèrent toute la plénitude de ses facultés.

Il s en servit pour donner l'exemple d'une

fin toute chrétienne préparée par la sérénité d'une conscience qui n'avait rien à se reprocher. Puis, se tournant vers ses fils, il leur rappela, comme dans une leçon suprême, les principes de dignité personnelle et de patriotisme dont il ne s'était jamais départi pendant le cours si dramatiquement varié d'une existence qui l'avait vu successivement lieutenant de dragons, avocat, conseiller au parlement de Grenoble, soldat et caporal, maire, préfet, directeur général des ponts et chaussées, ministre, simple citoyen, intendant général de la couronne, proscrit un moment, conseiller municipal d'une commune de quatre cents âmes et enfin pair de France.

« Travaillez, faites-vous hommes, » disait-il à

ses deux fils aînés sortis à peine de l'École polytechnique; et reprenant l'accent prophétique de sa dernière allocution à la Chambre des pairs : « Travaillez, et faites-vous hommes; car vous avez à vous préparer à des révolutions nouvelles que je vois et que je vous annonce. »

Puis, revenant sur les premières années de sa jeunesse, il se mit à parler avec émotion de sa cousine, de sa fidèle compagne qui s'efforçait de retenir ses pleurs, de Bonaparte, de Sucy, de Valence, du Dauphiné, de Napoléon, de ses grandeurs qu'il mettait si simplement sous ses pieds, et des souvenirs les plus heureux de son existence militante : « Ce sont ceux, disait-il, du caporal, du maire de Valence et du directeur général des ponts et chaussées. »

Peu d'heures après la mort de ce grand homme de bien, de ce philosophe chrétien, ses fils, dans une armoire placée non loin de son lit de douleur, trouvèrent son sac de caporal, enveloppé dans son écharpe de maire de Valence, et dans sa ceinture de ministre.

Nice, février 1867.

PARIS. — J. CLAYE, IMPRIMEUR, RUE SAINT-BENOIT, 7.

www.ingramcontent.com/pod-product-compliance
Ingram Content Group UK Ltd.
Pitfield, Milton Keynes, MK11 3LW, UK
UKHW020300220726
13923UKWH00002B/973

9 782329 071602